Stephanie Göhr

Origineller PERLEN Schmuck

Tippcreativ

Inhalt

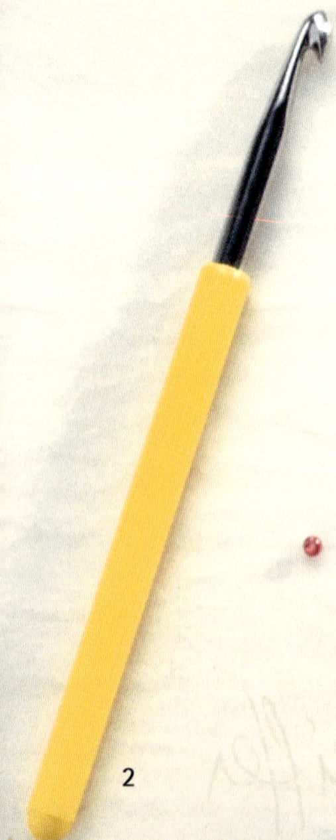

Vorwort

Dieses Heft gibt Ihnen einen Überblick über die aktuellen Techniken im Perlenschmuckbasteln. Ob Sie nun eine Kette mit Sicherheitsnadeln basteln oder ein Armband aus Aludraht biegen und mit Perlen verzieren möchten, hier finden Sie vielfältige Anregungen, wie Sie Ihren Schmuck selbst gestalten können. Da es eine große Farbauswahl an Rocailleperlen gibt, finden Sie sicher die passenden Perlen zu Ihren Kleidungsstücken. Auch für Ihre Kinder sind ein paar Schmuckideen dabei.

Ich wünsche Ihnen viel Spaß beim Perlenschmuckbasteln.

Ihre Stephanie Göhr

Material und Technik

Sicherheitsnadeln

Sicherheitsnadeln gibt es in vielen verschiedenen Farben und Größen. Diese sollten Sie immer mit Rocailleperlen von mindestens 2,6 mm Durchmesser bestücken, da kleinere Perlen nicht auf die großen Sicherheitsnadeln passen.

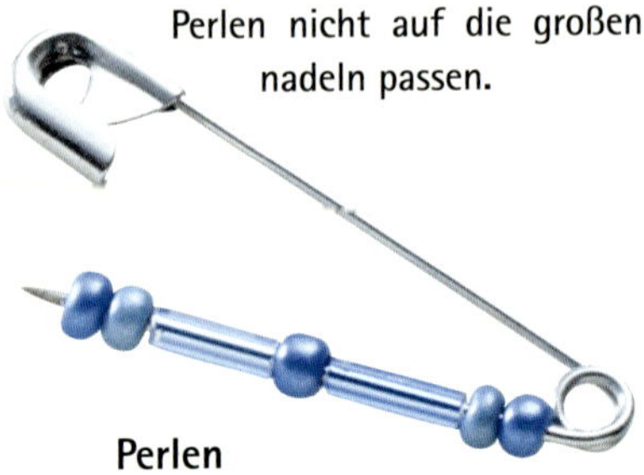

Perlen

In diesem Buch werden hauptsächlich Rocailleperlen mit einem Durchmesser von 2,6 mm verwendet. Es gibt sie in vielen verschiedenen Farben und Ausführungen. Sie können auch Indianerperlen verwenden, die einen Durchmesser von 4,5 mm besitzen. Stiftperlen, Shellys (Muschelperlen) und Pailletten machen sich gut als kleine Auflockerung zwischen den Perlen. Auch Silberteile wie Stäbe, Kugeln oder Blumen sind schöne Accessoires, um die Armbänder und Ketten etwas herauszuputzen.

Faden und Draht

Für Armbänder besonders gut geeignet ist elastischer Gummifaden, auch Magic Stretch genannt. Er ist in den Stärken 0,5 bis 1 mm und in unterschiedlichen Farben erhältlich und sehr strapazierfähig. Die Knoten sollten Sie allerdings immer mit Sekundenkleber sichern.

Für Ketten und Ohrringe können Sie auch Perlonfaden mit einem Durchmesser von 0,5 mm verwenden, den Sie nach Bedarf auch doppelt nehmen können. Für die Netztechnik oder die anderen Aufreihtechniken eignet sich Knopflochgarn, es ist besonders strapazierfähig. Sie können aber auch gewellten Effektdraht, bunten Blumendraht, Kupferdraht oder einen fertigen Spiralreifen verwenden. Die Drähte sollten nicht stärker als 0,8 mm sein, da sich sonst die Perlen nicht mehr aufziehen lassen. Ganz neu auf dem Markt ist Alu- oder Messingdraht. Aludraht ist sehr weich und lässt sich gut zu einem Armreif oder anderen Schmuckstücken biegen.

Verschlüsse und Quetschperlen

Als Verschlüsse eignen sich Magnet-Schließen, Schraubenschließen oder Federringe. Quetschperlen sind 1,8 mm starke Silber- oder Goldperlen, die sich leicht mit einer Zange zusammendrücken lassen und dann nicht mehr zu verschieben sind. Sie eignen sich zum Sichern von Perlen auf einem Draht oder Perlonfaden. Um schöne Verschlussenden zu erhalten, kann man die Quetschperlen in Kalotten legen, die sich ebenfalls mit der Zange leicht zusammendrücken lassen.

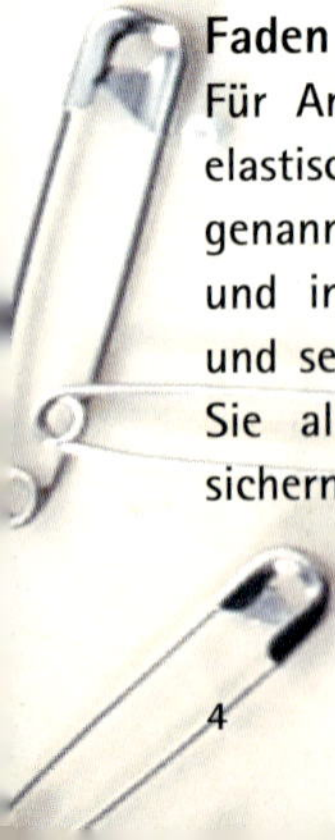

Verschlüsse befestigen

Sie können alle Verschlüsse mit Quetschperlen befestigen, indem Sie das Faden- oder Drahtende durch die Quetschperle, dann durch den Verschluss und wieder zurück durch die Quetschperle ziehen. Schieben Sie die Quetschperle nah an den Verschluss und drücken Sie sie mit einer Flachzange zusammen. Das überstehende Faden- oder Drahtende schneiden Sie ab.

Eine andere Möglichkeit besteht in der Verwendung von Kalotten: Bringen Sie am Faden- oder Drahtende eine Quetschperle an oder machen Sie einen 2fachen Knoten. Legen Sie Quetschperle bzw. Knoten in die offene Kalotte und befestigen Sie sie mit etwas Sekundenkleber. Danach schließen Sie die Kalotte mit einer Flachzange und hängen sie am Verschluss ein.

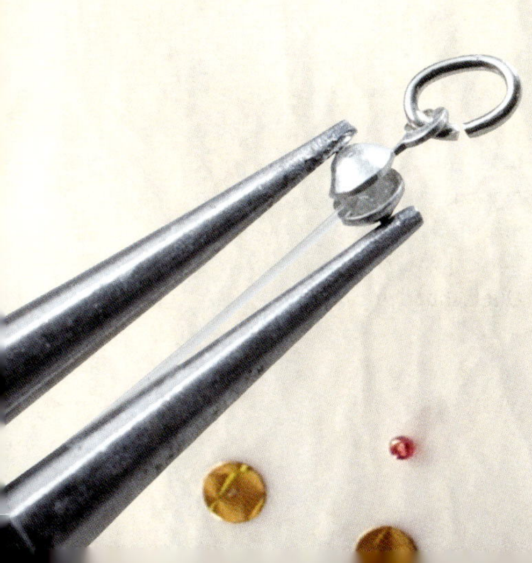

Werkzeug und Klebstoff

Zum Zusammendrücken der Sicherheitsnadeln und zum Biegen von Drahtenden benötigen Sie eine kleine Rundzange. Zusätzlich brauchen Sie eine Schere, einen Seitenschneider für Draht und evtl. eine Flachzange für die Quetschperlen.

Zum Sichern der Knoten benötigen Sie etwas Sekundenkleber, da sie sich sonst wieder lösen. Für lange Ketten und die Netztechnik brauchen Sie eine Aufreihnadel. In diese lässt sich Knopflochgarn oder Magic-Stretch-Faden ganz einfach einfädeln und Sie können den Faden durch die Rocailleperlen wieder zurückführen. Zum Häkeln und Stricken von Perlonfaden oder Draht verwenden Sie die angegebene Nadelgröße. Je größer die Nadel, desto lockerer wird das gehäkelte Schmuckstück. Die neueste Basteltechnik ist getwisteter Schmuck. Twister gibt es in verschiedenen Größen. Je größer der Twister, desto größer wird auch die entstehende Spirale.

Sonstiges

Passend zu Ketten und Armbändern können Sie Ringe, Ohrringe, Haarreifen, oder Haarspangen gestalten. Alle Zubehörteile sind im Bastelgeschäft erhältlich.

Grün-blaue KETTE und ARMBAND aus Sicherheitsnadeln

Sie brauchen:

16 blaue Sicherheitsnadeln, 28 mm
Hellgrüne transparente Rocailleperlen, 2,6 mm
Türkise transparente Rocailleperlen, 2,6 mm
Hellgrüne, opake, gelüsterte Stiftperlen, 2 mm
Perlonfaden, 0,5 mm
2 silberne Quetschperlen
1 silberner Federring
Blauer Magic-Stretch-Faden, 0,5 mm
Sekundenkleber
Zange

So wird's gemacht:

Kette

Bestücken Sie 9 Sicherheitsnadeln anhand des Vorlagenbogens mit Perlen. Schneiden Sie zwei Perlonfäden von ca. 80 cm zu und ziehen Sie Perlen und Sicherheitsnadeln anhand des Vorlagenbogens auf. Anschließend befestigen Sie den Verschluss (siehe S. 4–5).

Armband

Bestücken Sie 7 Sicherheitsnadeln anhand des Vorlagenbogens mit Perlen. Schneiden Sie 2 Magic-Stretch-Fäden von jeweils 80 cm zu. Knoten Sie die Fäden zusammen, wobei Sie zum späteren Verknoten ein ca. 10 cm langes Ende übrig behalten sollten. Gehen Sie beim Auffädeln in zwei Runden vor: Fädeln Sie in der ersten Runde auf die Fäden (im Vorlagenbogen als A und B gekennzeichnet) Perlen und Sicherheitsnadeln auf, bis alle Sicherheitsnadeln verbraucht sind. In der zweiten Runde (die Fäden sind im Vorlagenbogen als C und D gekennzeichnet) wiederholen Sie den Vorgang auf dieselbe Weise. Verknoten Sie alle vier Enden miteinander und sichern Sie die Knoten mit Sekundenkleber.

Tipp

Nachdem Sie die Sicherheitsnadeln mit Perlen bestückt und verschlossen haben, drücken Sie den Verschluss mit einer Zange flach zusammen. So können sich die Nadeln nicht mehr öffnen. Um ein späteres Durchrutschen des Fadens am Verschlussteil zu verhindern, drücken Sie den Verschluss nochmals hochkant zusammen.

Armreif, Haarspange und Ohrringe aus Aludraht

Sie brauchen:

Aludraht, 2,5 mm
Silberdraht, 0,3 mm
Rote Rocailleperlen mit Silbereinzug, 2,0 mm
Silberfarbene Rocailleperlen
mit Silbereinzug, 2,0 mm
Weinroter Facettenstein, 14 mm
Weinrote Facettentropfen, 15 mm
Haarspange, 80 mm
Silberne Ohrhaken
Silberne Creolen, 40 mm
Zange
Sekundenkleber oder Heißkleber

So wird's gemacht:

Armreif

Biegen Sie ca. 42 cm Aludraht anhand des Vorlagenbogens zu und füllen Sie die Zwischenräume mit roten und silbernen Rocailleperlen. Dazu wird zunächst etwas Silberdraht um den einen der gegenüberliegenden Aludrähte gewickelt. Wenn der Silberdraht unter dem Aludraht liegt, reihen Sie Perlen auf, legen den Silberdraht um den gegenüberliegenden Aludraht und ziehen den Silberdraht wieder durch die Perlen zurück (siehe Vorlagenbogen). Auf diese Weise fahren Sie fort, bis der Zwischenraum gefüllt ist. Zur Befestigung wird der Silberdraht noch einige Runden um den Aludraht gewickelt. Zum Schluss befestigen Sie den Facettenstein mit etwas Silberdraht und biegen den Aludraht zu einem Armreif.

Haarspange

Biegen Sie ca. 32 cm Aludraht anhand des Vorlagenbogens zu und füllen Sie die Zwischenräume mit roten und silbernen Rocailleperlen (siehe oben). Hängen Sie den Facettentropfen an einen ca. 10 cm langen Silberdraht, ziehen Sie Perlen darauf, umwickeln Sie die Aluschlaufe mehrmals und schneiden Sie den restlichen Draht ab. Formen Sie aus 30 cm Draht und 8 Perlen eine Blume (siehe Vorlagenbogen), ziehen Sie deren Draht durch die Spiralmitte und befestigen Sie ihn an der Haarspange. Das andere Ende befestigen Sie ebenfalls mit etwas Draht an der Haarspange. Fixieren Sie die aufgereihten Perlen zusätzlich mit Klebstoff.

Ohrringe

Reihen Sie die Perlen anhand des Vorlagenbogens auf und hängen Sie die fertige Creole an einen Ohrhaken.

Grüne Kette und Armband aus gehäkelten Drahtschnüren

Sie brauchen:

Dunkelgrüner Effektdraht, 0,22 mm
Antikgrüne Rocailleperlen, Porzellan, 2,6 mm (Kette ca. 240, Armband ca. 80)
Grüne Stiftperlen mit Silbereinzug, 2 mm (Kette ca. 35, Armband ca. 12)
Silberperlen, 4 mm (Kette ca. 20, Armband ca. 6)
Silberne Metalloliven, 4,5 mm (Kette ca. 9, Armband ca. 3)
Hellgrüne Shellys Bali (Kette ca. 30, Armband ca. 10)
Smaragdfarbene, irisierende Glas-Schliffperlen, 6 mm (Kette ca. 30, Armband ca. 10)
Silberne Quetschperlen
Silberne Quetschkalotten
Silberner Federring
Häkelnadel Nr. 6,0
Zange

So wird's gemacht:

Kette

Ziehen Sie die verschiedenen Perlen, Oliven, Shellys und Stiftperlen in unregelmäßiger Reihenfolge auf den Effektdraht auf. Häkeln Sie sieben ca. 50 cm lange Drahtketten (siehe Vorlagenbogen), wobei nach jeder Luftmasche eine Perle folgt. Befestigen Sie den Verschluss wie auf Seite 4–5 beschrieben.

Armband

Arbeiten Sie das Armband genau wie die Kette, jedoch mit sechs ca. 20 cm langen Drahtketten.

Lilafarbene KETTE mit Sicherheitsnadeln und Bändern, passender RING

Kette

Sie brauchen:

Fliederfarbene Metallstäbe, 2 mm
Fliederfarbene Metallperlen, 4,5 mm
Silberfarbene Rocailleperlen, 2,6 mm
Silberfarbene Sicherheitsnadeln, 28 mm
Silberfarbene Quetschperlen
80 cm fliederfarbenes Satinband, 6 mm breit
Perlonfaden, 0,5 mm
1 silberfarbene Rundschließe mit Quetschkalotten
Zange, Sekundenkleber

So wird's gemacht:

Schneiden Sie zwei ca. 80 cm lange Perlonfäden zu und verbinden Sie diese an einem Ende mit einer Quetschperle. Reihen Sie nun Perlen, Stäbe und Sicherheitsnadeln (siehe auch Seite 6-7) anhand des Vorlagenbogens auf. Beenden Sie die Kette mit einer Quetschperle und befestigen Sie die Rundschließe nach Anleitung auf Seite 4-5. Die Satinbänder knoten Sie an der linken Sicherheitsnadel fest, schlingen sie um die sieben folgenden Sicherheitsnadeln und knoten sie an der rechten Nadel nochmals fest. Sie können die Knoten mit etwas Sekundenkleber sichern.

Ring

Sie brauchen:

Silberfarbenen Ring mit Platte, 12 mm
Lila perlmuttfarbene Rocailleperlen, 2,6 mm
Fliederfarbene Metallperlen, 4,5 mm
Silberfarbene Rocailleperlen, 2,6 mm
Kristallklarer Magic-Stretch-Faden, 0,5 mm
Sekundenkleber

So wird's gemacht:

Reihen Sie die Perlen anhand des Vorlagenbogens auf den Stretch-Faden auf. Nähen Sie das entstandene Dreieck mit den Fadenenden auf dem Ring fest und verknoten Sie diese anschließend miteinander. Zur Sicherheit sollten Sie den Knoten sowie das fertige Dreieck auf der Ringplatte mit etwas Sekundenkleber sichern.

Orangefarbene Kette mit gestricktem Armband

Sie brauchen:

Orangefarbene, transparente, gelüsterte Rocailleperlen, 2,6 mm
Rote, transparente, gelüsterte Rocailleperlen, 2,6 mm
Orangefarbene, opake, gelüsterte Rocailleperlen, 2,6 mm
Orangefarbene Stiftperlen mit Silbereinzug, 2 mm
Orangefarbene Indianerperlen, 4,5 mm
Gelbe Magic-Pailletten, gewölbt, 6 mm
Goldene Collierschließe, 12 mm
Goldene Quetschperlen
Perlonfaden, 0,5 mm
Stricknadeln Nr. 4,5
Sekundenkleber

So wird's gemacht:

Kette

Reihen Sie die sechs ca. 48 cm langen, unterschiedlichen Perlenketten anhand des Vorlagenbogens auf. Fassen Sie immer zwei Ketten mit je einer Quetschperle an jedem Ende zusammen. Verflechten Sie nun locker die drei zusammengefassten Ketten und befestigen Sie diese, wie auf Seite 4-5 beschrieben, mit je einer Quetschperle an der Schließe.

Armband

Ziehen Sie ca. 1 m verschiedene Perlen, Stiftperlen und Pailletten in unregelmäßiger Reihenfolge auf den Perlonfaden auf.
Schlagen Sie 8 Maschen an und stricken Sie etwa 60 Reihen rechte Maschen (siehe Vorlagenbogen). Die letzte Masche wird immer nur abgehoben. Nähen Sie das gestrickte Rechteck mit dem restlichen Perlonfaden locker zu einem Armband zusammen und sichern Sie den Knoten mit etwas Sekundenkleber.

Kette und Haarspange in der Netztechnik

Sie brauchen:

Dunkelblaue, transparente Rocailleperlen, 2,6 mm
Hellblaue, transparente Rocailleperlen mit Silbereinzug, 2,6 mm
Haarspange, 40 mm
Silberne Magnetschließe, 11 mm
Silberne Quetschperlen
Perlonfaden, 0,5 mm
Graues Knopflochgarn
Zange

So wird's gemacht:

Netztechnik (siehe Vorlagenbogen)

Verwenden Sie zum Aufreihen Knopflochgarn. Schneiden Sie davon ein möglichst langes Stück ab. Den Faden können Sie bei Bedarf verlängern, indem Sie weitere Stücke anknoten. Reihen Sie zunächst 12 Perlen auf, wobei auf zwei helle Perlen jeweils eine dunkle folgt. Verknoten Sie den Faden zwischen erster und letzter Perle, so dass ein Kreis entsteht. Das Fadenende lassen Sie zum späteren Befestigen hängen. Ziehen Sie den Faden durch die letzte dunkle Perle und reihen Sie 5 weitere Perlen auf, wobei sich die dunkle Perle immer in der Mitte befindet. Überspringen Sie eine dunkle Perle des Kreises und ziehen Sie den Faden durch die gegenüberliegende dunkle Perle. Reihen Sie wieder 5 Perlen auf und beenden Sie die zweite Runde, indem Sie den Faden durch die letzte dunkle Perle des ersten Kreises ziehen. Bevor Sie die nächste Runde beginnen, ziehen Sie den Faden durch die ersten drei Perlen der zweiten Runde. So fahren Sie Runde um Runde fort, bis Sie die entsprechende Kettenlänge erreicht haben.

Kette

Stellen Sie eine 20 cm lange Netzkette her. Schneiden Sie einen 60 cm langen Perlonfaden zu, reihen Sie 48 cm blaue Perlen auf, ziehen Sie die fertige Netzkette darüber und befestigen Sie den Verschluss wie auf Seite 4–5 beschrieben. Knoten Sie die Netzkette mit ihren beiden Fadenenden an der Perlenkette fest, damit sie nicht verrutscht.

Haarspange

Stellen Sie eine 4 cm lange Netzkette her. Reihen Sie nochmals 4 cm blaue Perlen auf den Faden auf und ziehen Sie ihn durch die Netzkette hindurch. Nähen Sie das fertige Kettenstück mit dem restlichen Faden auf der Haarspange fest.

Spiralhals- und -Armreifen

Sie brauchen:

Weiße, gelbe, orangefarbene, weinrote, dunkelblaue, hellblaue, grüne und hellgrüne, opake, gelüsterte Rocailleperlen, 2,6 mm
Dunkelblaue und rote Pailletten, 8 mm
Silberner Spiralarmreif, 50 cm
Silberner Spiralhalsreif, 45 cm
Zange

So wird's gemacht:

Halsreif mit Farbverlauf

Reihen Sie die Perlen in der oben angegebenen Reihenfolge auf den Spiralhalsreif auf. Beginnen Sie mit 10-12 weißen Perlen, einer gelben, einer weißen und 10-12 gelben Perlen. Fahren Sie nach diesem Schema fort und biegen Sie den Draht am Ende mit der Zange um.

Armreif mit Farbverlauf

Den Armreif arbeiten Sie ebenso wie den Halsreif, jedoch mit nur 7-8 Perlen je Farbe.

Armreif mit Pailletten

Reihen Sie je eine Perle und eine Paillette der gleichen Farbe nacheinander auf den Spiralarmreif auf. Der Farbwechsel erfolgt in unregelmäßiger und beliebiger Reihenfolge. Biegen Sie den Reif am Ende mit der Zange um.

Kette und Armband für Kinder

Sie brauchen:

Weiße, gelbe, orangefarbene, rote, hellblaue und grüne opake Rocailleperlen, 2,6 mm
Dunkelblaue Holzblütenscheiben, 9 mm
Dunkelblaue Holzperlen, 6 mm
Schwarzer Magic-Stretch-Faden, 0,5 mm
Schwarzer Blumendraht, 0,35 mm
Sekundenkleber
Zange

So wird's gemacht:

Kette

Reihen Sie Perlen und Blütenscheiben anhand des Vorlagenbogens auf ein ca. 40 cm langes Drahtstück auf. Legen Sie dafür den Draht doppelt und beginnen Sie mit der linken blauen Blütenperle wie auf dem Vorlagenbogen angegeben. Befestigen Sie den Draht am rechten Ende, indem Sie ihn verdrehen und abzwicken. Schneiden Sie einen ca. 50 cm langen Magic-Stretch-Faden zu, ziehen Sie die Perlen anhand des Vorlagenbogens auf und verknoten Sie ihn an der angegebenen Drahtstelle. Sichern Sie den Knoten mit etwas Sekundenkleber.

Armband

Schneiden Sie zwei ca. 30 cm lange Magic-Stretch-Fäden zu, reihen Sie die Perlen anhand des Vorlagenbogens auf und verknoten Sie die Enden miteinander. Sichern Sie den Knoten mit etwas Sekundenkleber.

Zacken-Armband und -Ohrringe

Sie brauchen:

Weiße, opake, gelüsterte Rocailleperlen, 2,6 mm
Weiße, rosé und lila perlmuttfarbene Rocailleperlen, 2,6 mm
Naturfarbene Shellys Bora
2,6 m klarer Magic-Stretch-Faden, 0,5 mm
Silberne Ohrhaken
Sekundenkleber

So wird's gemacht:

Armband

Reihen Sie die Perlen und Shellys anhand des Vorlagenbogens auf 2 m Magic-Stretch Faden auf. Beginnen Sie dabei in der Fadenmitte und reihen Sie die Perlen bis zum Fadenende auf. Ziehen Sie den Faden immer wieder fest und arbeiten Sie dann mit der anderen Fadenhälfte das Armband zu Ende. Verknoten Sie die beiden Enden und sichern Sie den Knoten mit Sekundenkleber.

Ohrringe

Reihen Sie die Perlen anhand des Vorlagenbogens auf ca. 30 cm Magic-Stretch-Faden auf. Verdrehen Sie die Fäden gegeneinander und verknoten Sie beide Enden miteinander. Sichern Sie die Knoten mit Sekundenkleber und hängen Sie alles an die Ohrhaken.

Haarreif und Ringe für Kinder

Sie brauchen:

Rosé perlmuttfarbene Rocailleperlen, 2,6 mm
Gelb perlmuttfarbene Rocailleperlen, 2,6 mm
Hellgrün perlmuttfarbene Rocailleperlen, 2,6 mm
Silber perlmuttfarbene Rocailleperlen, 2,6 mm
Schwarze, opake Rocailleperlen, 2,6 mm
Roséfarbene, hellgrüne und gelbe Metallblüten mit Strasssteinen, 3 cm
Schwarzer Haarreif
1 Goldener Ring mit Platte, 12 mm
2 Silberne Ringe mit Platte, 12 mm
Schwarzer Blumendraht, 0,35 mm
Sekundenkleber, Zange, Cutter

So wird's gemacht:

Haarreif

Beginnen Sie Ihre Arbeit in der Mitte des Haarreifs, indem Sie die gelbe Metallblume mit dem Draht am Haarreif befestigen. Anschließend wickeln Sie jeweils sechs Perlen pro Reihe anhand des Vorlagenbogens auf den Haarreif auf.

Ringe

Entfernen Sie die Holzblumen mit Hilfe des Cutter vom Metall und kleben Sie auf jeden Ring eine Blume. Verwenden Sie für die gelbe Blume einen goldenen und für die rosé und hellgrüne Blume einen silbernen Ring.

Kette und Ohrringe

mit getwisteten Drahtstücken

Sie brauchen:

Graue transparente Glasstifte, 2 x 2 mm
Shellys Sulu
Silberne Quetschperlen
Silberner Federring
Silberne Ohrhaken
Silberner Schmuckdraht, 0,5 mm
Kupferdraht, 0,4 mm
Twister, 2,0 mm
Zange

So wird's gemacht:

Twisten

Twisten heißt ganz einfach, den Draht zu einer Spirale drehen. Fixieren Sie den Draht am Twister, indem Sie ihn durch das Loch schieben und umknicken. Drehen Sie den Twister nun in eine Richtung, bis die angegebene Länge erreicht ist. Halten Sie beim Twisten den Draht immer etwas gespannt und schieben Sie die Spirale immer wieder zusammen. Die Spirale wird nun vom Twister heruntergeschoben und kann weiterverarbeitet werden. Sie können ein Drahtstück auch mehrmals twisten, indem Sie ein bereits getwistetes Stück erneut twisten. Dafür schneiden Sie zunächst beide Drahtenden kurz ab und ziehen dieses fertige Stück auf Draht auf. Nun wird der neue Draht in angegebener Länge getwistet, dann die Spirale um den Twister gedreht und danach nochmals ein Stück glatter Draht getwistet.

Kette

Schneiden Sie ca. 50 cm Schmuckdraht zu und befestigen Sie den Federring (siehe Seite 4–5). Twisten Sie anhand des Vorlagenbogens die fünf benötigten Metallteile. Ziehen Sie 8 cm Glasstifte, ein Shelly, Metallteil 1, ein Shelly und nochmals 4 cm Glasstifte auf den Schmuckdraht auf. Nun folgt Metallteil 2, wobei in die Zwischenräume je zwei Glasstifte aufgefädelt werden. Reihen Sie nochmals 4 cm Glasstifte und das Metallteil 3 auf. Dies ist die Kettenmitte. Reihen Sie die andere Kettenhälfte genau gleich auf und befestigen Sie am Ende den anderen Verschlussteil.

Ohrringe

Stellen Sie den Ohrring anhand des Vorlagenbogens aus Draht, Stiftperlen und Perlen her und hängen Sie diesen am Ohrhaken ein.

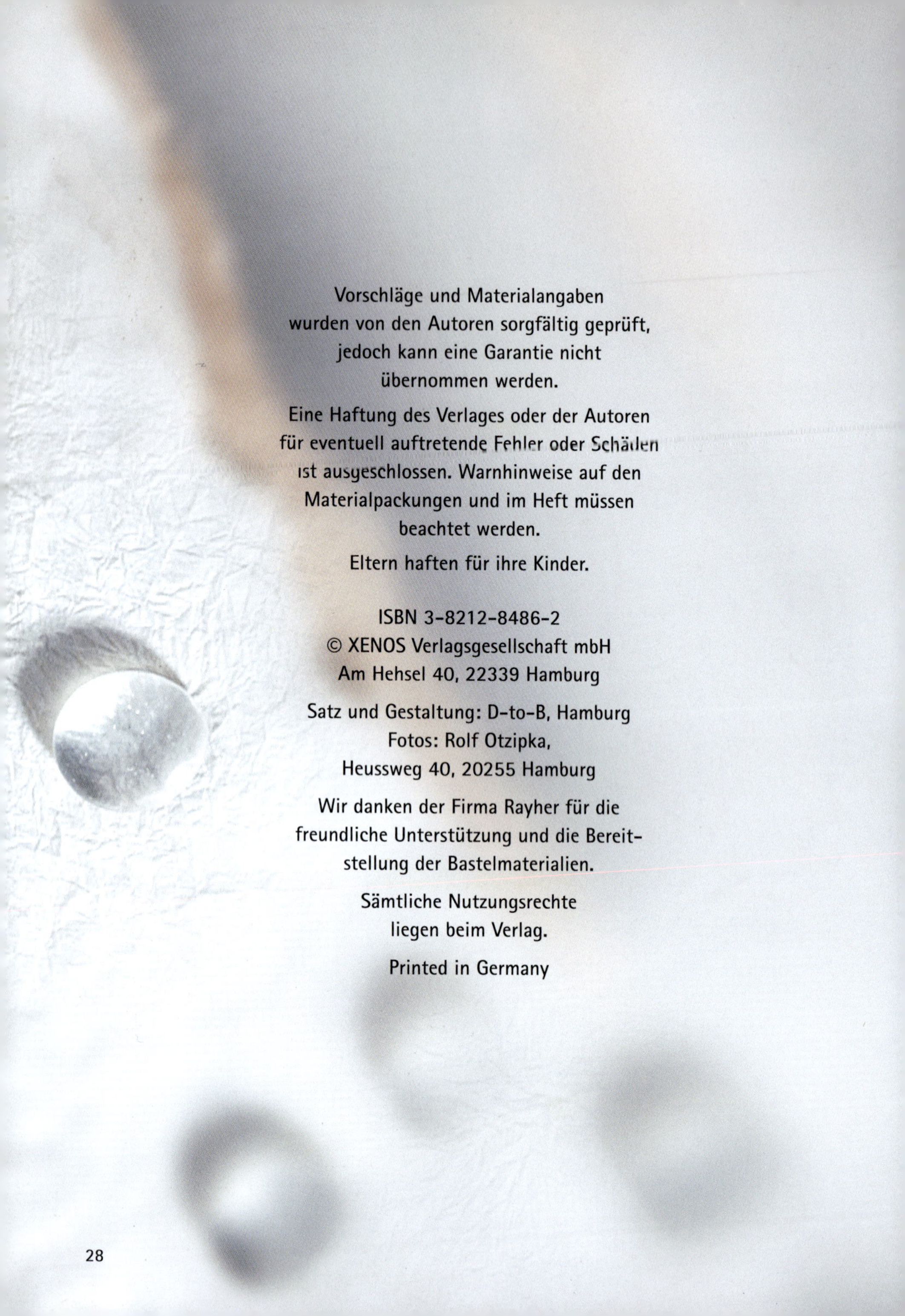

ISBN 3-8212-8486-2

Am Hehsel 40, 22339 Hamburg

Satz und Gestaltung: D-to-B, Hamburg
Fotos: Rolf Otzipka,
Heussweg 40, 20255 Hamburg

Wir danken der Firma Rayher für die
freundliche Unterstützung und die Bereit-
stellung der Bastelmaterialien.

Printed in Germany